# L'AGRICULTURE

## POUR LA FAIRE CONNAITRE AUX ENFANTS

Conception
Émilie BEAUMONT

Auteur
Cathy FRANCO

Images
Jacques DAYAN

Bibliothèque nationale du Québec

EDITIONS
FLEURUS

ÉDITIONS FLEURUS, 15-27, rue Moussorgski 75018 PARIS

# LE TRAVAIL DE LA TERRE

Dans les pays industrialisés, les travaux des champs et des prés sont mécanisés. De plus en plus légers, les nouveaux engins agricoles ne tassent plus la terre : bien aéré, le sol absorbe mieux l'eau et les fertilisants.

Les engrais permettent un rendement maximal des cultures. Mais, utilisés à trop fortes doses, ils ne sont plus assimilés par les plantes et polluent les réserves d'eau contenues dans le sous-sol. Soucieux de préserver l'environnement, de nombreux agriculteurs font pratiquer une analyse de leur terre en laboratoire pour mieux doser les engrais à épandre.

## Les travaux de la prairie

Au printemps, l'ensileuse (ci-dessous) ramasse l'herbe fauchée et la hache en petits brins qui sont envoyés dans la remorque par une souffleuse, puis conservés à l'abri de l'air, dans un silo : c'est l'ensilage. En été, l'herbe est à nouveau coupée. Une fois sèche, elle se transforme en foin. L'ensilage et le foin servent à nourrir le bétail en hiver.

*Autrefois, l'herbe et le blé étaient coupés à la faux.*

## L'irrigation

L'asperseur est un appareil utilisé pour irriguer les cultures. Sous la pression de l'eau, le petit chariot à jet rotatif, situé à l'avant de la machine, avance tout doucement en déroulant un long tuyau derrière lui.

## La saison des labours

En automne, l'agriculteur laboure les champs.
Une charrue est attelée au tracteur.
Elle est formée de lames, appelées socs,
qui s'abaissent, creusent et retournent la terre,
formant de grosses mottes à la surface.
Les restes de l'ancienne récolte sont enfouis.
La charrue laisse des sillons sur
son passage.

*Après le labour, les dents de la herse brisent les mottes de terre pour aplanir le sol avant les semailles.*

Dans de nombreuses régions
du monde, les charrues sont
encore tractées par des
animaux (bœufs, chevaux...
mais aussi dromadaires ou
lamas). Les bœufs de labour
sont attelés par deux.
Quand l'un meurt, l'autre
refuse généralement
de travailler.

*Au printemps, l'épandeuse, ci-dessous,
pulvérise de l'engrais sur les champs. Pour
rendre le sol plus productif, l'agriculture
biologique utilise des fertilisants naturels
répandus avant les semailles.*

## Les semailles

Les graines destinées
à être semées sont
versées dans un
grand coffre.
Elles descendent petit
à petit dans des
tuyaux et rejoignent
le sol. Les dents
du semoir les
enterrent, ce
qui facilite
la germination.

7

# LES GRANDES CULTURES

La culture des céréales occupe une place importante dans le monde. Leurs grains nourrissent des millions de personnes tous les jours et constituent souvent la base de l'alimentation des pays pauvres.

Originaire d'Asie, le riz fait partie, avec le blé, des céréales les plus consommées. L'essentiel de la production mondiale de sucre est fourni par la canne à sucre et la betterave à sucre.

Quant au coton, c'est la plante à usage non alimentaire la plus cultivée actuellement. Les États-Unis, l'Inde et la Chine en sont les principaux producteurs. Les plantes oléagineuses (qui donnent de l'huile) font également partie des grandes cultures.

## Le coton

Aux États-Unis le coton est récolté à la machine. Avec ses fibres, on fait du tissu. Le coton entre aussi dans la composition du chewing-gum, des billets de banque ou de la dynamite. En Inde, la récolte est transportée dans des nasses en forme de balles.

## Le riz

Cette céréale a besoin de beaucoup d'eau pour pousser. En Asie, les fortes pluies d'été et la grande fertilité du sol favorisent sa culture. Le riz est semé dans des terrains inondés : les rizières. Après quelques semaines, les plants sont arrachés et repiqués un à un, bien espacés. Dans les régions montagneuses, les rizières sont aménagées en terrasses.

*Aux États-Unis, les rizières sont recréées artificiellement. Le riz germe dans des sacs que l'on plonge dans l'eau, puis il est semé par avion ou hélicoptère.*

*Les Asiatiques mange du riz tous les jours. Ils l'utilisent égaleme pour faire de la bière, des galettes, des nouille des chapeaux ou du ciment. L'enveloppe des grains constitue un excellent engrais.*

## Le tournesol

Cette plante peut atteindre 2 m de haut.
Le tournesol est récolté en septembre.
Les graines contenues dans sa fleur sont pressées
pour obtenir de l'huile.

### La canne à sucre

Elle pousse dans les
pays tropicaux et est
encore souvent
récoltée à la main.
Sa tige est gorgée
de sucre.

### La betterave à sucre

Elle est surtout
cultivée dans
l'hémisphère Nord.
Sa culture est
largement
mécanisée.

*En automne, l'effeuilleuse-arracheuse coupe
les feuilles puis déterre les betteraves.
La récolte est transportée à la sucrerie.*

## Le blé et la moisson

En été, le blé est bien doré. Il est temps de le
moissonner. La moissonneuse-batteuse coupe
les épis, les aspire, puis les secoue très fort pour
détacher le grain. Les tiges sont aussitôt rejetées.
Elles fournissent de
la paille qui servira
de litière aux
animaux en hiver.

*...es grains de blé moissonnés sont déversés dans de grands
...échoirs et stockés dans des silos.*

*Il existe plus de 130 variétés de blé.
Les variétés de blé dur s'adaptent bien
aux climats chauds et secs et servent à
la fabrication des semoules et des pâtes
alimentaires. Les variétés de blé tendre,
avec lesquelles on fait du pain, sont cultivées
dans les régions plus froides.*

*La ramasseuse-presse
récupère la paille et
la roule en bottes
cylindriques.*

# PROTÉGER LES CULTURES

Les mauvaises herbes, les insectes et les maladies sont les trois plus grands fléaux des cultures. Ils détruisent plus du tiers des productions végétales dans le monde. Pour les combattre, l'agriculteur dispose de pesticides. Mais ces produits présentent de gros risques pour l'environnement et la santé des êtres humains.

Une nouvelle méthode naturelle, et de plus en plus pratiquée, consiste à réduire l'emploi de pesticides. Des observations sont effectuées à des stades précis de la culture et les traitements chimiques sont utilisés en fonction des risques réels.

## Les pesticides

Dans les grandes exploitations, on traite les cultures par voie aérienne. Les produits employés sont sélectifs : ils ne visent qu'un insecte donné ou un parasite précis.

*En Afrique, de gigantesques nuées de criquets s'abattent régulièrement sur les cultures. En moins d'un mois, ces insectes peuvent détruire toutes les récoltes d'un pays. Contre eux, seuls les produits chimiques sont efficaces. Ils sont répandus sur les larves avant la formation des ailes.*

## Lutter contre le gel

Très utilisés aux États-Unis, dans les champs et les vergers, les brasseurs d'air sont des appareils à hélices montés sur un très haut mât. En tournant, les pales refoulent vers le sol les couches d'air supérieures, plus chaudes, protégeant ainsi les cultures du gel printanier.

## La haie

Elle protège les cultures alentour :
- du vent (en créant une barrière naturelle) ;
- du froid (en provoquant un micro-climat qui augmente la température du sol) ;
- des inondations (en absorbant le trop-plein d'eau) ;
- de la sécheresse (en restituant aux cultures les réserves d'eau contenues dans le sous-sol) ;
- de l'envahissement de certains ravageurs (en hébergeant une faune utile qui les combat).

Placés dans les cultures, ces pièges à insectes contiennent une substance odorante qui attire les insectes se trouvant à proximité.

Certaines températures au sol, associées à un degré d'humidité précis, favorisent l'éclosion d'insectes nuisibles. Pour prévenir ce genre de dégâts, des bulletins météo aident les agriculteurs à prévoir les risques.

Dans les vergers, des appareils reproduisant les cris d'alarme des oiseaux ont remplacé les épouvantails d'antan.

La chenille de ce papillon s'attaque à une mauvaise herbe très répandue dans les champs : le séneçon.

## La lutte biologique

De plus en plus d'agriculteurs utilisent des auxiliaires, comme les insectes ou les rapaces, pour combattre les ennemis des cultures. La coccinelle dévore les pucerons. La chouette chevêche mange le petit rat des moissons, qui dévaste les champs de blé.

# DES SPÉCIALISATIONS

Certaines activités agricoles sont très spécialisées et requièrent un savoir-faire particulier. Ainsi, l'apiculteur élève des abeilles pour le miel qu'elles produisent, mais aussi pour la cire, qui sert à fabriquer des bougies, ou pour le pollen, qu'elles récupèrent sur les fleurs et qui est utilisé en médecine. Le floriculteur cultive des fleurs vendues comme plantes d'ornement ou réservées à l'industrie du parfum. Le viticulteur entretient les vignes pour produire du raisin destiné à la fabrication du vin. Quant aux fermes marines, elles se développent de plus en plus à travers le monde.

## Les vendanges

Vendanger, c'est récolter le raisin lorsqu'il est bien mûr, soit environ 50 jours après qu'il a pris sa couleur définitive. Selon l'utilisation des fruits, les vendanges sont effectuées à la main ou avec une machine qui enjambe les pieds de vigne et les secoue pour recueillir les grains.

*Une enjambeuse.*

## La couleur du vin

C'est la peau du raisin, riche en actifs colorants, qui donne au vin sa couleur, et non la pulpe, incolore. On peut donc faire du vin blanc avec du raisin noir : il suffit simplement de séparer la pulpe de la peau, au lieu de les laisser macérer ensemble, plus ou moins longtemps, comme on le fait pour la fabrication du vin rouge ou rosé.

*Après les vendanges, les grains de raisin sont pressés. Le jus est versé dans de grandes cuves ou dans des tonneaux en bois ; peu à peu, il se transforme en vin (on dit qu'il fermente).*

## Les abeilles et le miel

L'apiculture est pratiquée dans des prairies naturelles ou artificielles. Chaque ruche contient des cadres sur lesquels les abeilles fabriquent des rayons de cire. Le miel est déposé dans les compartiments (les alvéoles), qui forment le rayon.

*Après la récolte, les cadres sont placés dans une machine qui les fait tourner à toute vitesse pour extraire le miel.*

*Combinaison, masque et gants évitent de se faire piquer.*

*Pour récolter le miel, l'apiculteur enfume la ruche, afin d'éloigner les abeilles, puis il soulève le toit et retire les cadres remplis de miel.*

## Fermes marines

L'élevage intensif du saumon (salmoniculture) est très répandu en Norvège. Les œufs sont incubés dans de grands réservoirs. Les jeunes saumons grandissent très vite dans des cages plongées dans l'eau de mer.

## La floriculture

La Hollande connaît une économie prospère grâce à la culture des fleurs. Elle est réputée pour ses tulipes, qu'elle exporte dans le monde entier. Il en existe plus de 6 000 variétés !

13

# LE MARAÎCHAGE

Autrefois, les légumes destinés à la vente étaient cultivés près des villes, dans des zones de marais (d'où le terme de maraîchage). Avec le développement des moyens de transport rapides et réfrigérés, les cultures légumières ont pu être effectuées plus loin des villes. Réalisées aujourd'hui sur de vastes surfaces, elles sont le plus souvent spécialisées. Dans certaines régions, on produit par exemple beaucoup de légumes-racines (carottes, pommes de terre, navets, etc.). D'autres maraîchers se sont spécialisés dans la culture sous serre, qui permet d'obtenir des légumes hors saison, comme les salades, les tomates et les concombres.

## Culture hors sol

Les concombres sont de plus en plus cultivés sans terre. Un film plastique recouvre le sol de la serre pour éviter les maladies et parasites. Les plants sont disposés dans des pains de laine de roche. L'eau et les éléments nutritifs sont distribués au goutte-à-goutte, selon leurs besoins.

## La culture de l'artichaut

D'origine méditerranéenne, l'artichaut est cultivé en plein champ, sur de grandes surfaces. La récolte est effectuée à la main avec un tranchoir, lorsque le pédoncule (grosse tige de l'artichaut) est encore souple. Les artichauts sont destinés à la table, mais aussi à l'industrie alimentaire, sous deux formes : cœurs et fonds.

## Tomates industrielles

Les tomates destinées à la conserve ne sont pas attachées à des tuteurs comme les tomates pour la table. Elles sont récoltées à la machine.

## À l'abri dans les serres

Les grandes serres modernes sont le plus souvent en verre. Chauffage, aération, lumière et arrosage sont contrôlés automatiquement pour un rendement maximal des cultures.

## Planteuses multirangs

Pour faciliter le travail de plantation, il existe aujourd'hui des machines qui transportent le personnel maraîcher et les caisses chargées de plants en mottes à travers champs.

### Les légumes de plein champ

Au printemps, les légumes de plein champ sont recouverts de tunnels en plastique. Protégés du froid, ils profitent de la chaleur, de la lumière et du soleil, et poussent plus vite.

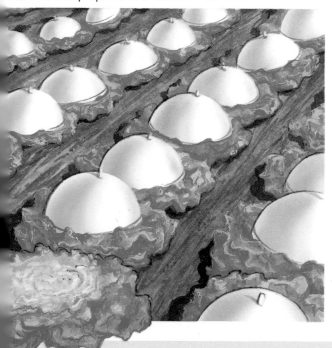

*La pose de tunnels en plastique est depuis peu mécanisée, grâce à la dérouleuse-tunneleuse.*

## Des salades au cœur tendre

Pour obtenir des scaroles ou des frisées au cœur bien blanc, le maraîcher dispose des « cloches » sur les salades huit jours avant la récolte. Dans les zones ventées, ces cloches sont munies de piquets de fixation au sol.

## Dans les champignonnières

De nombreux champignons sont cultivés dans des caves à l'abri de la lumière, les champignonnières. La semence pousse dans du compost à base de fumier de cheval et de paille. Les champignons sont récoltés à la main, triés selon leur calibre, puis envoyés sur les marchés ou dans des conserveries.

# LA CULTURE DES FRUITS

La plupart des fruits poussent sur des arbres ou des arbustes. Beaucoup sont cultivés dans des vergers, terrains où les arbres sont disposés et entretenus de manière à fournir les meilleures récoltes possibles. Chaque variété est adaptée à un climat et à un sol précis. Les produits importés voyagent la plupart du temps dans des camions frigorifiques ; le froid les conserve, tout en éliminant les insectes. Selon l'utilisation des fruits (pour la table ou pour l'industrie), la cueillette est effectuée à la main ou à la machine. Certains, comme la banane, sont cueillis avant maturité.

*Les bananes poussent sous les climats tropicaux, en régimes de 20 à 250 fruits protégés par un film plastique. Elles sont cueillies encore vertes.*

## Dans les vergers

Les pommes à cidre poussent dans des vergers « plein vent » (les arbres sont plantés çà et là). Lors de la récolte, la vibreuse secoue les pommiers pour faire tomber les fruits.

Les pommes à croquer poussent dans des vergers « basse tige », aménagés pour faciliter la cueillette à la main : les arbres sont bien alignés et les branches sont basses.

À la station d'emballage, les bananes sont lavées dans de grands bacs, triées, puis mises en cartons et expédiées par camion ou par bateau.

## Les noix de coco

Cultivées dans les pays chauds, les noix de coco poussent sur les cocotiers en grappes de 10 à 20 fruits. Leur chair blanche contient du lait et fournit le coprah, une substance dont on extrait de l'huile. En Thaïlande, on dresse depuis peu des singes pour les récolter !

## L'oléiculture

Les olives ont besoin de soleil et de chaleur pour pousser. Récoltées à l'aide d'un grand peigne passé dans l'arbre, elles tombent dans un filet étalé sur le sol. Avec les fruits mûrs, de couleur noire, on fait de l'huile de table : les olives broyées sont placées sur des disques filtrants, les scourtins, et le tout est pressé.

*Une presse à olives.*

## Les fruits du cacaoyer

Le cacaoyer est essentiellement cultivé en Afrique et en Amérique du Sud. Ses fruits, appelés cabosses, contiennent des fèves qui, broyées, donnent la pâte de cacao. C'est avec cette pâte que l'on fabrique le chocolat.

## La culture du melon

Ce gros fruit pousse sur une sorte de liane qui rampe sur le sol ; cultivé en plein champ, il apprécie le soleil. La récolte, manuelle, est effectuée au jour le jour pour garantir la fraîcheur des fruits sur le marché.

# AUJOURD'HUI

Deux formes d'agriculture très différentes coexistent dans le monde. Dans de nombreux pays en voie de développement, les petites fermes familiales pratiquent une agriculture dite « de subsistance » (elles produisent juste de quoi subvenir aux besoins de la famille). Dans les pays industrialisés, les produits agricoles sont surtout destinés à la vente.
Les exploitants sont de plus en plus spécialisés dans un type de culture ou d'élevage. La main-d'œuvre est réduite car les machines sont de plus en plus nombreuses et perfectionnées.
La ferme est devenue une véritable entreprise, difficile à diriger sans une solide formation.

## Chef d'entreprise

L'agriculteur moderne passe beaucoup de temps devant son ordinateur. Sa ferme est une entreprise qu'il doit savoir gérer. Mois après mois, il contrôle le rendement et la qualité des produits. Il s'occupe aussi de leur vente et des achats pour son activité.

## Grandes exploitations

L'agriculture industrielle est généralement pratiquée à grande échelle : les élevages sont importants, les cultures s'étendent à perte de vue. En Europe, les fermes sont souvent vieilles de plusieurs siècles, mais les agriculteurs y ont apporté tout le confort moderne. Des hangars, des granges, des silos sont venus s'ajouter aux anciens bâtiments.

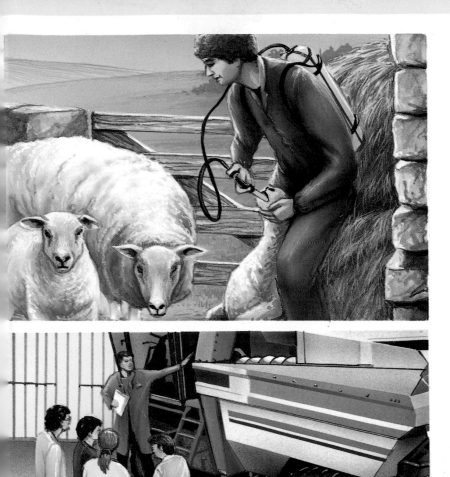

*Certains soins demandent
un savoir-faire particulier.*

## Apprendre le métier

Autrefois, il suffisait de reprendre
la ferme de ses parents pour
apprendre le métier d'agriculteur.
Aujourd'hui, il faut passer par un
lycée d'enseignement agricole.
Au programme des futurs éleveurs
figurent des cours sur l'hygiène,
l'alimentation, la santé des animaux,
mais aussi leur psychologie
(manière dont ils réagissent face à
telle ou telle situation) : le stress, par
exemple, a des répercussions sur
leur production de lait, la qualité de
leur viande, etc.

Les futurs cultivateurs apprennent,
quant à eux, le fonctionnement de
machines agricoles de plus en
plus perfectionnées et les
techniques propres à chaque
type de culture.

*Cours de mécanique agricole
s'adressant à de futurs viticulteurs.*

## L'agriculture de subsistance

Dans certaines régions d'Afrique, les fermes de subsistance
individuelles sont nombreuses. On y cultive des céréales comme
le millet ou le sorgho, car elles résistent très bien à la sécheresse ;
elles constituent la base de l'alimentation humaine locale.
Les grains sont conservés à l'abri des rongeurs dans
des greniers en terre cuite surélevés, qui imitent
la structure des habitations. Un peu d'élevage
vient compléter les cultures.

# L'ÉLEVAGE DES BOVINS

Les bovins constituent la principale ressource de l'élevage dans le monde. Dans les pays industrialisés, ils sont surtout élevés pour leur viande, leur cuir et leur lait. Les exploitations modernes sont le plus souvent orientées vers un seul type de production (fermes laitières ou élevage de races à viande). L'amélioration des espèces, par croisements ou sélection d'animaux destinés à la reproduction, permet d'augmenter le rendement et la qualité des animaux. Grâce à l'informatique, l'alimentation des bovins est de plus en plus individualisée : pour établir la ration de nourriture, l'ordinateur prend en compte l'âge de l'animal, son poids, sa race et les objectifs de l'élevage.

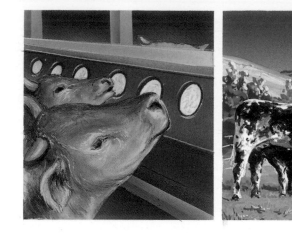

## La production des veaux

Les veaux sont élevés pour leur viande, blanche et tendre.
La majorité de la production provient de grands élevages industriels : les animaux sont nourris au seau avec du lait en poudre ; un système de distribution automatique leur fournit des vitamines. Bien plus heureux sont les petits veaux alimentés au pis de la vache ! Ils passent leurs journées en plein air et fournissent une viande particulièrement goûteuse, très appréciée des gourmets.

*Pendant la traite, chaque vache reçoit une ration de nourriture adaptée à ses besoins et un supplément vitaminé.*

## Le lait des vaches

Aujourd'hui, la traite des vaches est mécanisée. Le lait est aspiré automatiquement, puis envoyé par des tuyaux dans un tank à lait jusqu'à l'arrivée du camion-citerne. À la laiterie, le lait est traité pour être bu, ou pour la fabrication de produits comme le beurre, la crème, le fromage et les yaourts.

*Un tank à lait.*

## D'immenses troupeaux

Dans l'Ouest américain, les éleveurs de bovins possèdent des milliers de bêtes. Très robustes, elles passent toute l'année dehors dans d'imenses prairies. Ces grandes exploitations sont appelées des ranchs. Tous les deux mois, les cow-boys (gardiens de troupeau) rassemblent le bétail à cheval ; l'opération dure plusieurs jours. La nuit, les cow-boys dorment dans des cabanes, situées dans la prairie. Arrivées à destination, les vaches sont comptées et leur état de santé est vérifié.

## À l'étable

L'hiver, les vaches laitières passent la plupart du temps dans de grandes étables aménagées, ouvertes sur l'extérieur, où elles vont et viennent à leur guise. Eau et fourrage sont distribués en libre-service ; l'enlèvement et le changement de la litière sont le plus souvent mécanisés.
   Dès les beaux jours, les vaches regagnent la prairie, où elles se nourrissent d'herbe grasse ; elles ne rentrent à l'étable que le soir.

## Galettes de bouse de vache

Dans certaines régions du monde, on utilise les excréments séchés des bovins comme combustible. En Inde, la bouse de vache est étalée au soleil sous forme de milliers de galettes.

FR
38 95 201 492

4731

## Une étiquette à chaque oreille

Ces étiquettes permettent un meilleur suivi des animaux. Elles portent les numéros :
- de leur dossier médical ;
- du document où figurent leur âge, leur lieu de naissance, leur race, leur type d'élevage.

# D'AUTRES ÉLEVAGES

Domestiqués il y a plus de 10 000 ans, les moutons sont généralement élevés sur de vastes étendues au pâturage. En Australie, premier exportateur mondial de viande et de laine de mouton, la superficie de certaines exploitations atteint celle d'une grande ville ; pour surveiller les bêtes, les bergers circulent à moto ! Élevés pour leur viande et leur cuir, la plupart des cochons grandissent dans des porcheries industrielles où ils sont engraissés en un minimum de temps. La Chine est le plus grand producteur de viande porcine ; un cochon sur trois est élevé là-bas. En Europe, l'élevage caprin s'est beaucoup développé ces trente dernières années, grâce à la consommation de fromage de chèvre.

## Chèvres tout-terrain

La chèvre se nourrit d'herbe maigre, de buissons épineux, et n'hésite pas à faire de l'escalade pour profiter d'un bon morceau ; aussi la trouve-t-on en grand nombre dans les régions arides ou montagneuses. Élevée pour sa peau et sa viande, elle l'est aussi pour son lait, avec lequel on fait d'excellents fromages. La chèvre angora fournit une laine précieuse : le mohair.

## L'élevage du cochon

Dans les unités d'élevage intensif, les cochons grossissent trois fois plus vite qu'en liberté. À 5 mois, ils sont emmenés à l'abattoir. Élevés en plein air, ils disposent de beaucoup plus d'espace et de liberté de mouvement. Depuis quelques années, ce type d'élevage connaît un regain d'intérêt, mais il reste minoritaire.

## Dans la porcherie industrielle

Les box de maternité permettent d'allaiter une douzaine de porcelets.
Bien maintenue, la truie ne risque pas d'étouffer ses petits. Une fois sevrés, les cochons sont élevés à l'étroit dans de petites loges, ce qui facilite leur prise de poids.
La distribution d'eau et de nourriture est automatique.
Le sol en caillebotis permet l'évacuation immédiate de leurs excréments.

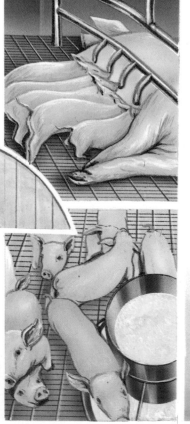

## La laine de mouton

Aujourd'hui, la tonte des moutons est assurée par des professionnels qui se déplacent d'une ferme à l'autre avec leur matériel. Dans les « stations », grandes exploitations australiennes, une équipe de tondeurs est engagée pour plusieurs jours. Des troupeaux de 10 000 à 30 000 bêtes passent entre leurs mains expertes ! Un mouton est débarrassé de sa toison en moins de deux minutes !

## Le chameau

En Afrique, on élève le chameau pour sa viande, sa laine, sa peau, son lait et sa force de travail. Pour traire une chamelle, certaines populations attachent son petit à sa patte avant ; en effet, elle ne donne son lait qu'au contact de son chamelon. Depuis peu, on sait fabriquer tous les grands types de fromages à partir de son lait : un bon moyen de lutter contre la malnutrition dans certaines régions.

## L'élevage de rennes

Dans l'extrême nord de l'Europe, la femelle du renne fournit un lait très riche qui permet aux Lapons de lutter contre le froid. Le renne est aussi élevé pour sa chair et sa peau, dont ils font des vêtements ; avec ses bois et ses os, ils fabriquent des outils. Certains troupeaux sont immenses ; le scooter des neiges permet aux bergers d'assurer la surveillance des animaux.

# L'AVICULTURE

Autrefois, poulets, pintades, dindes, oies et canards étaient élevés en petit nombre à la ferme, dans une basse-cour.

De nos jours, l'aviculture (l'élevage des volailles) est le plus souvent pratiquée à grande échelle. La plupart des aviculteurs sont spécialisés : production d'œufs, de poussins d'un jour, de poulets de chair (élevés pour leur viande), etc.

Les volailles sont élevées soit en plein air, soit de façon intensive, dans de grands bâtiments fermés où la ventilation et l'alimentation sont contrôlées par ordinateur. Ces dernières années, l'aviculture mondiale s'est enrichie d'un nouvel élevage : celui de l'autruche.

## Dans les couvoirs

Certains aviculteurs sont spécialisés dans la production de poussins d'un jour destinés aux grands élevages. Une fois pondus, les œufs sont couvés artificiellement, puis transférés dans une salle d'éclosion.

À peine sortis de l'œuf, les poussins sont triés en fonction de leur sexe, puis livrés aux exploitations, où ils seront élevés pour leur viande.

*Une salle d'éclosion.*

## Un marché en devenir

Originaire d'Afrique du Sud, l'autruche est élevée pour sa viande, tendre et goûteuse, mais aussi pour sa peau, dont on fait un cuir de luxe. Son élevage est de plus en plus répandu en Europe et aux États-Unis. Les aviculteurs la considèrent comme une sorte d'oiseau miracle ; il est vrai qu'un seul animal fournit environ 25 kg de viande ! De plus, l'autruche se reproduit très rapidement.

*Démarrage d'autruchons en enclos.*

## Élevage en plein air

Ce type d'élevage est très différent de celui effectué en espace clos dans des unités de production à haut rendement. Les volailles disposent de plus de place pour s'ébattre, sont nourries différemment et vivent plus longtemps. Moins stressées, elles fournissent une viande de meilleure qualité.

## Poules pondeuses

L'élevage en batterie permet d'obtenir une production annuelle de 350 œufs par poule. Pour que les poules pondent le plus possible, le local est éclairé artificiellement au moins 16 heures par jour. Aussitôt pondus, les œufs glissent dans un conduit et sont emportés par un tapis roulant ; un ascenseur les recueille ensuite étage par étage et les porte directement à la station d'emballage située au sous-sol.

## Oies plumassières

Selon leur race, les oies sont élevées pour leur chair, leur foie ou leurs plumes. L'oie plumassière possède un plumage soyeux avec lequel on remplit les couettes, les oreillers ou les sacs de couchage. Son élevage est resté très artisanal.

*Le plumage est effectué à une certaine période de l'année, lorsque les plumes commencent à tomber naturellement ; l'oie ne souffre donc pas.*

*Les fientes tombent sur un tapis roulant situé sous le premier étage.*

# CAP SUR L'AVENIR

Dans les années 70, on recherchait surtout le rendement : comment produire plus et moins cher !

Aujourd'hui, c'est encore vrai, mais la recherche d'une meilleure qualité des produits, le respect des animaux et la lutte contre la pollution sont tout aussi importants. Pour éviter d'utiliser trop de pesticides, des chercheurs ont mis au point des plantes qui résistent à certaines maladies ou insectes.

L'agriculture de précision se sert depuis peu des satellites pour prévoir l'apport de pesticide ou d'engrais.

L'arrivée des robots à la ferme donne aussi un aperçu de ce que sera l'agriculture de demain.

*Les premiers robots agricoles viennent de faire leur apparition ; effectuant les tâches les plus contraignantes, ils sont aussi beaucoup plus rentables.*

## Le robot cueilleur de pommes

Il peut travailler 20 heures par jour. Équipé d'un ordinateur et d'un système de vision électronique, il circule tout seul entre les rangées d'arbres. Muni de deux bras articulés, il saisit les fruits un à un à l'aide d'une ventouse. Puis il les dépose délicatement dans des casiers, avant de poursuivre son chemin.

## Le robot trayeur

Il fonctionne jour et nuit en libre-service. Lorsqu'elle en éprouve le besoin, la vache se dirige vers une salle de traite. Un système de blocage lui permet de bien se positionner (le pis au dessus des quatre trayons du robot). Les vaches aiment se faire traire entre 6 et 8 fois par jour, ce qui augmente de plus de 15 % la production de lait !

## Plantes du futur

On savait déjà créer des tomates carrées, des endives moins amères, des avocats sans noyaux, des agrumes pré-épluchés....

Grâce à une nouvelle technique, appelée transgenèse, on peut aujourd'hui donner aux fleurs la couleur que l'on souhaite, rendre une plante capable de se défendre contre certains virus ou l'enrichir en protéines.

Des plantes résistant au froid, au gel, ou à la sécheresse sont également en cours d'élaboration.

Le principe est simple : on prélève une cellule sur une plante, à l'intérieur de laquelle on introduit un gène spécifique (gène de résistance à un insecte, par exemple). Les plants obtenus possèdent les mêmes qualités.

## Agriculture de précision

Le GPS est un ensemble de 24 satellites américains tournant tout autour de la terre ; déjà utilisé dans quelques grandes exploitations, il permet une production à la fois efficace et respectueuse de l'environnement.

## Comment ça marche?

Équipé d'un récepteur GPS, l'agriculteur effectue divers prélèvements sur son terrain pour connaître le rendement du sol, sa teneur en eau, en matières nutritives, etc.
Il est suivi dans le moindre de ses déplacements par plusieurs satellites, qui localisent, au mètre près, l'endroit où sont effectués les prélèvements.

Cette méthode révèle avec une extrême précision les énormes variations de qualité de la terre qui peuvent exister au sein d'une toute petite parcelle : à quelques mètres près par exemple, les cultures peuvent avoir besoin de plus... ou moins... ou pas du tout d'engrais.

## Nouveaux élevages

Devant l'accroissement de la population mondiale et des besoins alimentaires, les chercheurs tentent de développer de nouveaux élevages.
En Amérique latine, l'élevage de l'iguane pour sa viande riche en protéines fait l'objet d'études.

# TABLE DES MATIÈRES

ISBN : 2-215-061-11-1
© Éditions FLEURUS, 1998.
Dépôt légal à la date de parution.
Conforme à la Loi N°49-956 du 16 juillet 1949
sur les publications destinées à la jeunesse.
Imprimé en Italie (03-03).